AF244689

MÉMOIRE

JUSTIFICATIF

Du citoyen *Evêque* du Département de Paris, & des citoyens *Vicaires*, composant son Conseil,

ADRESSÉ

AU CONSEIL EXÉCUTIF PROVISOIRE.

A

AUX

CITOYENS MINISTRES,

Composant le Conseil Exécutif provisoire, le citoyen EVÊQUE du Département de Paris, & les citoyens Vicaires, membres de son Conseil.

AU moment où la loi, concernant le mode de constater l'état civil des citoyens a été mise à exécution, nous nous sommes empressés de faire ce que nous avons constamment fait depuis la révolution, c'est-à-dire, de donner l'exemple de la plus parfaite soumission à la loi.

Nous avons remis à la municipalité, avec les liasses qui en dépendoient, tous les regiftres qui étoient entre nos mains, comme chargés particulierement de la desserte de la paroisse de Notre-Dame; &, certes, il nous a été depuis impossible de délivrer aucun extrait.

Sur les représentations & les inftances réitérées d'une foule de catholiques, nous avons tenu, sur papier libre, des notes des personnes aux-

(4)

quelles étoient administrés ou le baptême, ou la bénédiction nuptiale, ou la sépulture, & nous ne l'avons fait qu'après avoir mûrement discuté entre nous le mode le plus propre à concilier l'intérêt des catholiques avec le respect dû à la loi.

Beaucoup d'ecclésiastiques nous ayant alors témoigné leur incertitude sur la marche qu'ils avoient à tenir dans le nouvel ordre de choses, nous crûmes devoir envoyer à tous les curés & desservans du Département de Paris, un extrait imprimé d'une de nos délibérations (1) relative à cet objet, & cet imprimé nous avons l'honneur de le mettre en ce moment sous les yeux du conseil exécutif provisoire.

Il renferme, avec les motifs qui les ont fait établir, les mesures seulement provisoires que nous avions prises pour la paroisse de Notre-Dame, & une simple invitation aux curés & desservans du département de Paris, de se conformer chacun dans leur paroisse à ces mêmes mesures, comme tendantes d'un côté à faciliter, loin de la contrarier, l'exécution de la loi du 20 septembre, & de l'autre, à remplir parfaitement le vœu des catholiques.

Quel est en effet le résultat de cette délibération ? Qu'il est indispensable de tenir, sur papier libre, des catalogues ou journaux des

____

(1) On la trouvera à la fin du mémoire justificatif.

(5)

baptêmes, bénédictions nuptiales & sépultures;
qu'il est à desirer qu'il y ait des doubles de ces catalogues, dont les uns restent aux paroisses, les
autres à l'évêché; qu'on peut délivrer aux catholiques, pour leur besoin ou leur satisfaction, mais
toujours sur papier libre & sans frais, des copies
des notes insérées dans ces catalogues ou journaux; qu'il est de la sagesse ou du civisme des
pasteurs de n'administrer ni le baptême, ni la
bénédiction nuptiale, ni la sépulture, sans s'être
assurés auparavant que les catholiques qui se pré-
senteront, ou qu'on présentera à l'église pour
ces différens objets, se sont soumis aux formalités
civiles, prescrites par la loi du 20 septembre,
ou sans les avoir avertis qu'ils doivent s'y soumettre; qu'il n'y aura plus de publications de
bans; mais, si faire se peut, une seule annonce
au prône de la bénédiction nuptiale qui devra
être donnée à tels ou tels, & uniquement pour
recommander les futurs époux aux prieres des
fideles; qu'il n'est plus besoin de dispense, puisque
les empêchemens sont déterminés par la loi; mais
qu'il est nécessaire, par cette même raison, que
ceux qui se présentent pour la bénédiction nuptiale, justifient de l'existence du contrat civil;
qu'enfin pour la sépulture, les pasteurs ne doivent
l'accorder que sur le vû de la déclaration du décès

faite devant un officier public, dans la crainte de contrevenir à la loi, trop fage pour être abrogée, de ne point enterrer avant les vingt-quatre heures révolues.

Qui ne voit au premier coup d'œil, dans ce réfultat, à moins qu'il n'ait fur les yeux le bandeau de la prévention, l'intention manifefte & bien prononcée d'engager les pafteurs à éviter dans leur conduite tout reproche fondé, foit de la part des corps adminiftratifs chargés de l'exécution des loix, foit de la part des catholiques attachés à leurs pratiques religieufes ; d'écarter de ces mêmes pafteurs, fans les forcer de manquer à leur miniftere, jufqu'au foupçon de vouloir retenir une autorité qu'ils n'ont plus ; enfin, d'amalgamer pour la tranquillité publique dans le cœur des miniftres du culte catholique, & de ceux qui les honorent de leur confiance, l'amour facré de la patrie avec le dévouement non moins refpectable à la religion qu'ils profeffent ?

Et comment ne nous ferions-nous pas flattés d'avoir réuffi dans le but que nous nous propofions ? Tous les curés & deffervans du département de Paris fe font empreffés d'adopter les mefures que nous leur préfentions ; leurs paroiffiens y ont applaudi, les fections auxquelles nous avions adreffé des exemplaires de notre délibération, après en avoir fait faire lecture en affemblée générale , en ont pour la plupart témoigné leur satisfaction.

Il est vrai que quelques-uns de ces esprits inquiets & brouillons, qui ne peuvent jamais se persuader qu'on puisse être ecclésiastique & citoyen, se sont empressés de nous dénoncer pour cet objet, tantôt à la municipalité, tantôt au département, tantôt au comité de surveillance de la convention nationale; mais quelques exemplaires de la délibération remis par nous à plusieurs membres de ces différens corps constitués, nous ont tenu lieu de réponse. La simple lecture a fait évanouir toutes les dénonciations.

Nous avions donc lieu de croire, citoyens ministres, que notre délibération ne contrarioit en rien la loi du 20 septembre, lorsque nous avons reçu officiellement dans le courant d'avril dernier votre proclamation du 22 janvier dernier, adressée à tous les évêques de France.

Par cette proclamation, il est défendu à tous les évêques de la république, » d'ordonner aux » curés, vicaires & aux prêtres du culte catho- » lique, & à ceux-ci, de dresser, sous quelque » prétexte que ce soit, des actes de baptême » & de sépulture , de publier aucun ban de » mariage, d'entreprendre rien qui soit contraire » à la loi du 20 septembre, relative au mode de

» mariage, d'entreprendre rien qui foit contraire
» à la loi du 20 feptembre, relative au mode de
» conftater l'état civil des citoyens : comme auffi
» d'exiger avant de donner la bénédiction nuptiale,
» des conditions que cette loi ne commande pas ;
» leur enjoignant de fe borner dans l'adminiftra-
» tion des facremens de baptême & de mariage
» aux pures cérémonies religieufes. Enjoignant
» également à tous les évêques qui, dans leurs
» mandemens, fe font écartés de ces principes,
» de les retirer fur-le-champ, & défend à tous ec-
» cléfiaftiques de les mettre à exécution, fous pei-
» ne d'être pourfuivis comme réfractaires à la loi. »

Notre devoir étoit fans doute de nous foumettre à cette proclamation au moment même
où nous en avons connoiffance, & c'eft ce que
nous avons fait, d'abord pour ce qui regarde la
paroiffe de Notre-Dame.

Mais forts de notre confcience & de la pureté
de nos intentions, nous avons dû naturellement,
avant de faire une nouvelle miffive aux curés &
deffervans du département de Paris, comparer
enfemble la délibération & la proclamation, en
prenant pour arbitre fuprême la loi même du
20 feptembre. Or, nous ofons vous le dire avec
l'affurance d'hommes libres, qui vous doivent ce
qu'i's croient la vérité, il nous a paru, & il nous
paroît démontré :

Que la délibération n'est dans aucun de ses points en opposition réelle avec la loi , & ne peut avoir aucun inconvénient dans son exécution , tandis que la proclamation , par un abus singulier des termes , s'écarte des principes de la loi, défend ce que la loi ne défend pas , ce qu'elle ne pourroit même défendre sans violer les premiers principes de la liberté des cultes & de la liberté individuelle , & sans entraîner des inconvéniens graves & des suites fâcheuses.

Déjà nous nous sommes rendus en députation auprès du citoyen ministre de l'intérieur, pour lui communiquer nos observations à cet égard : le résultat de notre conférence a été que nous pouvions présenter un mémoire au conseil exécutif provisoire, & c'est ce que nous avons l'honneur de faire aujourd'hui, en priant tous les membres de ce conseil de vouloir bien peser dans leur sagesse les raisons sur lesquelles sont fondées nos réclamations.

En comparant d'abord la délibération avec la proclamation, une premiere observation qui est frappante, c'est que les préambules de l'une & de l'autre roulent absolument sur les mêmes principes, & annoncent également le même but de l'exécution de la loi du 20 septembre.

Que dit la délibération ? » Que si la loi du 20
» septembre, parfaitement conforme aux prin-
» cipes de la liberté des cultes, principes qui
» font de l'essence de tout état libre, enleve
» aux ministres du culte catholique des fonc-
» tions civiles dont le besoin des circonstances
» les avoit investis jusqu'à ce jour, elle ne pré-
» tend point cependant apporter aucun change-
» ment, ni rien innover dans tout ce qui est
» essentiel au culte catholique; & qu'en derniere
» analyse, elle ne rend que plus respectable le
» sacerdoce, en le rappellant à ses fonctions pri-
» mitives, »

Que dit la proclamation? » Que dans un gou-
» vernement libre tous les hommes sont égaux
» devant la Loi, quelles que soient leurs opi-
» nions religieuses, quel que soit leur culte,
» qu'ainsi leur état civil doit être établi d'une
» maniere uniforme; que si sous le regne des
» abus on a laissé passer aux prêtres le droit de
» dresser les actes destinés à consacrer les naif-
» sances, mariages & décès des catholiques,
» la loi du 20 septembre y a remédié. »

Il est donc évident que la délibération & la
proclamation, en applaudissant toutes deux à la
loi du 20 septembre, conviennent également :

1°. Qu'un gouvernement libre admet néceſſairement la liberté des cultes ; mais que tous les citoyens, quelles que ſoient leurs opinions religieuſes, doivent être égaux devant la loi.

2° Qu'il doit exiſter un mode uniforme pour tous les citoyens, quel que ſoit le culte de chacun d'eux, de conſtater leur état civil.

3° Que la loi du 20 ſeptembre, a ſagement fait d'ôter aux miniſtres du culte catholique le droit qu'ils avoient ſeuls de conſtater les naiſſances, mariages & décès des catholiques.

Comment la délibération & la proclamation, partant des mêmes principes, paroiſſant avoir le même but, arrivent-elles cependant à des réſultats oppoſés, puiſque, comme on a pu le voir, l'une ſemble défendre ce que l'autre autoriſe ? Voyons la loi : elle ſeule peut réſoudre le problême.

La loi du 20 ſeptembre, d'après les principes de la liberté des cultes, & de la liberté individuelle des citoyens compoſant la république Françoiſe, veut que les municipalités ſoient ſeules inveſties des fonctions civiles, qui juſqu'alors avoient été abandonnées aux eccléſiaſtiques.

Après avoir, dans différens titres, etabli un mode uniforme pour tous les citoyens, de conſtater légalement leur naiſſance, mariage, & décès ; après avoir déterminé la forme des actes qui en feront dreffés, des regiftres qui les conferveront, & des extraits qui en feront délivrés ; après avoir ftatué que huit jours après la publication la loi fera mife à exécution , elle déclare entr'autres difpofitions qu'elle regarde comme générales , & qui font effentielles à l'objet de la préfente difcuffion, 1° par l'art. 5 du titre 6, » Qu'auffi-tôt que les regiftres courans, » c'eft-à-dire, ceux tenus auparavant par les » miniftres des cultes, auront été clos, arrêtés, » & portés à la maifon commune, les muni- » cipalités feules recevront les actes de naiffance, » mariage & décès, & conferveront les regif- » tres ; que défenfes font faites à toutes per- » fonnes de s'immifcer dans la tenue de ces » regiftres & dans la réception de ces actes.

2.° Par l'article 8 du même titre : » Qu'après » avoir déterminé le mode de conftater défor- » mais l'état civil des citoyens, elle n'entend » ni innover ni nuire à la liberté qu'ils ont tous » de confacrer les naiffances, mariages & décès » par les cérémonies du culte auquel ils font » attachés, & par l'intervention des miniftres de » ce culte. »

Comparons maintenant avec la loi la délibération & la proclamation , & voyons laquelle des deux s'en écarte ou s'en rapproche le plus.

1°. La loi, dans tout son contexte, ne parle jamais que d'actes de naissance, de mariage & de décès, & ne les regarde que comme des actes purement civils, les seuls qui soient de son ressort.

Dans la délibération, il n'est question que des cérémonies du baptême, de la bénédiction nuptiale & de la sépulture, envisagées uniquement comme des cérémonies purement religieuses, qui ne sont point & ne peuvent être du ressort de la loi.

Nous le demandons à toute personne impartiale : La délibération & la loi n'ayant point en vue le même objet, comment celle-là peut-elle contredire celle-ci ? & pourquoi la proclamation qui doit se renfermer uniquement dans les termes de la loi s'occupe-t-elle dans son préambule des actes de naissance, mariage & décès, dont s'occupe aussi la loi, tandis que dans son dispositif elle parle, pour les défendre, d'actes de baptême, de bénédiction nuptiale & de sépulture, dont ne parle pas la loi, & qu'elle ne défend point ?

Si, avant la loi du 20 septembre, les actes de baptême, de bénédiction nuptiale & de sépulture servoient à constater civilement la naissance, le mariage, & le décès des catholiques, & par conséquent étoient abfolument les mêmes que des actes de naiffance, de mariage & de décès, il eft bien démontré que depuis la loi du 20 feptembre, ces actes different effentiellement entre eux, puifque les uns font des actes civils & les autres des actes réligieux ; puifque les époques pour les uns & les autres ne font fouvent pas les mêmes ; puifqu'enfin les uns peuvent fervir en juftice, & que les autres ne font point reconnus dans les tribunaux.

2° La loi fixe les empêchemens du mariage, & ordonne qu'il n'y ait qu'une publication de ban faite à la municipalité.

La délibération déclare que les fideles ne font plus tenus de recourir à l'évêque pour avoir difpenfe des empêchemens de mariage ; & qu'au lieu de la publication de trois bans, ufitée avant la loi du 20 feptembre, il peut y avoir, fi faire fe peut, une feule annonce au prône de la bénédiction nuptiale que fe propofent de recevoir tels & tels, en intéreffant la piété des fideles au fuccès de leur union.

Certes, on voit ici une attention marquée à engager les eccléfiaftiques à éloigner d'eux le reproche de vouloir fe reffaifir d'un droit qu'ils n'ont plus. Point de difpenfes pour les empêchemens de mariage, puifqu'ils font fixés par la loi, qui , feule , par l'organe des magiftrats , a le droit de prononcer : plus de publication de bans pour lefquelles il faille encore des difpenfes ; une feule annonce au prône dont le but eft de recommander les conjoints aux prieres des fideles. Peut-on voir ici quelqu'oppofition réelle avec la loi ?

La défenfe portée par la proclamation de publier aucun ban , ne peut donc pas tomber fur l'annonce indiquée par la délibération ; cette annonce n'a rien de commun avec le ban du mariage ordonné par la loi , puifqu'il n'en peut réfulter aucune oppofition pour arrêter , ni le mariage contracté à la municipalité , ni même la bénédiction nuptiale accordée à l'églife. D'ailleurs cette annonce n'a lieu que fur la réquifition des parties ; & il eft de fait que tous les jours on accorde la bénédiction nuptiale à des perfonnes qui viennent , au fortir de la municipalité , fe préfenter pour la premiere fois à l'églife. Au refté on peut , fans inconvénient , fupprimer cette annonce , fi elle paroît heurter en la moindre chofe l'intention du légiflateur.

La proclamation défend encore d'exiger , avant de donner la bénédiction nuptiale , des conditions que cette loi ne commande pas.

La feule condition qu'exige la délibération ,

c'eft qu'il foit juftifié de l'exiftence du contrat civil.

Or comment peut-on faire un crime à des miniftres du culte catholique de concourir, comme citoyens, à l'exécution de la loi; de chercher à détruire, autant qu'il eft en eux, le préjugé dans lequel font encore beaucoup de catholiques, qu'ils ne peuvent contracter valablement qu'en face de l'églife, & qui, ayant de la répugnance pour fe préfenter à la municipalité, s'expofent par-là aux fuites les plus fâcheufes pour eux & pour leur famille ? Eft-ce donc de notre part une preuve d'incivifme, que de leur apprendre qu'ils font ci-toyens avant d'être chrétiens, qu'ils doivent avant tout être foumis aux loix de l'état, & en confé-quence de ne les admettre aux autels de la reli-gion, qu'après qu'ils ont, conformément aux loix, contracté valablement fur l'autel de la patrie.

Mais, nous dit-on, la loi ne l'ordonne pas. Nous répondons : la loi le défend-elle ? Il y a plus, elle l'eut prefcrit elle-même fi les opinions religieufes étoient de fon reffort; & il eft facile de prouver que les miniftres du culte catholique manqueroient effentiellement à leurs devoirs de prêtres & de citoyens, s'ils n'exigeoient pas qu'il leur fût juftifié de l'exiftence du contrat civil avant d'accorder la bénédiction nuptiale.

Car,

Car, dans l'opinion des catholiques, & sur-
tout d'après le nouvel ordre de chofes, le contrat
civil n'eft-il pas la matiere du facrement? La
bénédiction nuptiale n'en eft-elle pas la forme?
Et l'une peut-elle donc exifter fans l'autre? Al-
lons plus loin : la religion peut - elle, doit - elle
fanctifier comme légitime une union qui n'eft
pas autorifée, ou qui peut-être même eft réprouvée par les loix de l'état? Si le contrat civil
n'exifte pas, quel fera l'objet de la bénédiction
nuptiale? Et les miniftres du culte catholique ne
s'expofent-ils pas alors à bénir une union illé-
gitime? Ne font-ce pas enfuite les loix de l'état
qui fixent actuellement les empêchemens du mariage? N'eft - ce pas aux feuls magiftrats qu'il
appartient de prononcer d'après ces loix fur la
nature des empêchemens? Comment donc les
miniftres du culte catholique peuvent-ils s'affurer
que les perfonnes qui fe préfentent pour recevoir
la bénédiction nuptiale ne font pas liées par ces
empêchemens, fi ces perfonnes ne juftifient pas
auparavant de l'exiftence du contrat civil? N'eft-ce
pas expofer les miniftres du culte catholique à
trahir tout-à-la-fois & la loi & leur miniftere?
La condition qu'ils exigent en pareil cas eft donc
une mefure auffi fage que néceffaire.

3.º La loi ordonne aux feules municipalités de

B

recevoir pour tous les citoyens indiſtinctement les actes de *naiſſance, mariage & décès*, & d'en conſerver les regiſtres.

La délibération invite les paſteurs à tenir, pour le beſoin ou la ſatisfaction des ſeuls catholiques, des notes de l'adminiſtration *du baptême, de la bénédiction nuptiale & de la ſépulture*, & de les inſcrire ſur papier libre dans des eſpeces de catalogues ou de journaux.

Or, quels ſont les regiſtres que preſcrit la loi ? Des regiſtres doubles en papier timbré, cotés & paraphés par premier & dernier par le préſident de l'adminiſtration du diſtrict, ou à ſon défaut, par un des membres du directoire, leſquels regiſtres, ainſi que les extraits qui en ſeront délivrés, feront ſeuls foi en juſtice, pour conſtater légalement l'état civil des citoyens.

Et quels ſont les prétendus regiſtres que propoſe aux paſteurs la délibération ? De ſimples catalogues ou journaux ſur papier libre, portant uniquement qu'un tel ou une telle a reçu tel ou tel jour, ou le baptême, ou la bénédiction nuptiale, ou la ſépulture, leſquels catalogues, ainſi que les copies des notes qu'ils renferment, également ſur parpier libre, & délivrées ſans frais, ne peuvent jamais valoir en juſtice, ni conſtater l'état civil des citoyens ; mais ſeulement atteſter

que tel ou tel citoyen eſt du rit catholique, &
qu'il en a rempli telle ou telle formalité.

Si dans la délibération, on paroît deſirer que
ces catalogues ou journaux ſoient doubles, cotés
& paraphés par l'évêque, & que l'un des deux
reſte à la paroiſſe, tandis que l'autre ſera dé-
poſé aux archives de l'évêché, c'eſt pour obvier
aux incendies & autres événemens déſaſtreux,
c'eſt pour aſſurer davantage aux parties intéreſſées
les titres de leur aggrégation au culte catholique; mais au reſte ce n'eſt qu'un vœu auquel
on renonce, s'il ſe trouve dans la moindre oppoſition avec la loi.

Quoi qu'il en ſoit, n'eſt-il pas évident que les
regiſtres qu'établit la loi pour recevoir les actes
de naiſſance, mariage & décès, n'ont rien de
commun quant à l'objet, à la forme, à la léga-
lité & aux effets civils, avec les catalogues ou
journaux indiqués par la délibération pour conte-
nir les noms des citoyens à qui l'on adminiſtre
*le baptême, la bénédiction nuptiale & la ſépul-
ture?* Dès-lors les défenſes que fait la loi à toutes
perſonnes, autres que les officiers municipaux dé-
légués à cet effet, de s'immiſcer dans la tenue
des regiſtres ſervant à conſtater l'état civil des
citoyens, & dans la réception des actes de *naiſſance, mariage & décès,* ne tombent donc pas,

ni ne peuvent tomber fur les catalogues dont parle la délibération, pour tenir note des cérémonies religieufes ufitées dans le rit catholique.

La délibération n'eft donc nullement en cela en contradiction avec la loi.

Voyons maintenant fi la défenfe portée par la proclamation, & relative à cet objet, peut lui être appliquée.

La proclamation défend de dreffer, fous quelque prétexte que ce foit, *des actes de baptême & de fépulture.*…

Nous avons déja obfervé qu'il étoit étonnant qu'on voulût confondre les actes de *naiffance, de mariage & de décès* avec celui *de baptême, de bénédiction nuptiale & de fépulture;* que depuis la loi du 20 feptembre, ces actes ne font, ni ne peuvent être les mêmes; que la loi ne parle que des premiers & jamais des feconds; que la proclamation elle-même ne parle dans fon préambule, d'actes de *naiffance, de mariage & de décès,* & qu'on ne voit pas pourquoi dans fon difpofitif, elle cite, pour les interdire aux miniftres du culte catholique, *les actes de baptême & de fépulture.*

Citoyens miniftres, nous vous demandons fi le confeil exécutif provifoire, chargé de faire exécuter la loi, ne doit pas fe renfermer uniquement dans les termes de la loi, & fi c'eft la faire exécuter que de défendre ce qu'elle ne défend pas?

Nous irons plus loin, en vrais républicains à qui il est sans doute permis de discuter librement la nature du gouvernement & des loix sous lesquelles ils vivent, nous vous dirons que nous sommes convaincus qu'il n'est aucune loi, à moins qu'elle ne soit injuste & subversive, & de la liberté des cultes, & de la liberté individuelle, qui puisse nous défendre ce que nous défend la proclamation.

Eh de quoi s'agit-il donc? De savoir si les ministres du culte catholique ont ou non, le droit d'écrire sur du papier-mort:

Aujourd'hui un tel ou une telle, fils d'un tel & d'une telle, a été baptisé: il ou elle, a eu pour parrain & marraine, un tel & une telle.

Aujourd'hui la bénédiction nuptiale a été donnée à un tel ou une telle, en présence de tels ou tels parens & amis.

Aujourd'hui a été inhumé dans le cimetiere de cette paroisse, un tel ou une telle, en présence de tels ou tels parens ou amis.

Qu'on appelle cela des actes, des notes ou tout ce qu'on voudra: nous avons déja prouvé que la loi ne les défendoit nullement, & nous défions l'homme le plus prévenu de nous dire en quoi ces actes ou notes peuvent nuire, soit à la république, soit aux individus qui la composent; or

la liberté ne consiste-t-elle pas à faire tout ce qui
ne peut pas nuire à autrui ; & tout ce qui n'est
pas défendu par la loi peut-il être empêché ?

Mais, nous dit la proclamation, *les prêtres
n'ont pas plus le droit d'assujettir à la formule
d'un procès-verbal les cérémonies de baptême & de
mariage, que ceux de la pénitence & de tous les
autres sacremens : c'est enchaîner la liberté des citoyens que de soumettre leurs actes religieux à cette
formule.*

Nous répondons :

1°. Le culte catholique n'est plus en France un
culte dominant, mais une simple association religieuse, tolérée comme les autres par le gouvernement. Comment donc, sans blesser le prin-
cipe de la liberté des cultes, le gouvernement
peut-il s'occuper de telle ou telle discipline, que
telle ou telle association religieuse a jugé nécessaire à son maintien & à sa conservation ? & qu'im-
porte au gouvernement les loix, les réglemens,
les usages, de telle ou telle association religieuse,
lorsqu'ils ne sont point en opposition avec les loix
de l'état ?

2°. Ce n'est point un droit que s'arrogent les
prêtres, d'assujettir *à la formule d'un procès-verbal les cérémonies de baptême & de mariage* ; c'est
une peine bien gratuite qu'ils prennent, autant

pour leur propre sûreté , que pour la satisfaction ou l'intérêt des catholiques.

Pour leur propre sûreté ? en conservant par écrit des preuves authentiques qu'ils ont rempli leur ministere sans blesser les loix de la république ; qu'ils ont au contraire rappellé les catholiques à la soumission qu'ils doivent à ces mêmes loix ; qu'ils ne se sont point exposés à voir admis aux ordres sacrés , quelqu'un qui n'auroit peut-être pas reçu le baptême ; qu'ils n'ont point béni une union ou non reconnue ou même réprouvée par les loix ; qu'ils n'ont point manqué au réglement de police , qui défend d'enterrer avant les vingt-quatre heures révolues.

Pour la satisfaction & l'intérêt des catholiques ? Eh ! quel est l'homme qui n'est pas charmé de conserver des titres de son aggrégation à telle ou telle société, des fonctions qu'il y a exercées, des honneurs qu'il y a reçus ? Pour les vrais catholiques ce sont presque des titres de famille. Comment , sans ces titres , des François voyageant en pays étranger où la religion catholique est dominante , pourront-ils remplir les devoirs de leur culte , y contracter mariage , y former des établissemens , & parvenir aux emplois civils ou ecclésiastiques ?

3.°. Il est clair que d'après tout ce que nous venons de dire , on ne peut pas raisonnablement confondre , comme le fait la proclamation , quant à la formule d'un procès-verbal, *les cérémonies de batême & de mariage avec celles de pénitence & de tous les autres facremens.* Nous obferverons feulement qu'il eft encore un facrement qui demande néceffairement ces formules, c'eft celui de l'ordre, & il ne faut que du bon fens pour le voir & s'en convaincre.

.4°. Enfin, on nous dit que c'eft *enchaîner la liberté des citoyens, que de foumettre leurs actes religieux à de pareilles formules.* Sans doute en parlant de citoyens il s'agit de catholiques. Or, qu'y a-t-il d'étonnant que les catholiques fe foumettent à un réglement que néceffitent le maintien de leur culte & leur propre intérêt? Chaque fociété n'a-t-elle pas fes regles, fes ufages, & leurs membres croient-ils enchaîner leur liberté, en fe foumettant à ces regles, à ces ufages, qui tendent à la confervation de cette même fociété? D'ailleurs force-t-on les citoyens catholiques de fe préfenter pour telle ou telle cérémonie religieufe? S'ils s'y préfentent volontairement, ils y attachent donc de l'importance, & pourquoi feroient-ils fâchés qu'on conftatât qu'ils ont rempli volontairement tel ou tel devoir du culte catholique? Il y a plus : ils fentent pour la plupart qu'il eft de leur intérêt de le faire, & c'eft d'après leurs de-

mandes réitérées, que nous avons formé nos réclamations.

Citoyens ministres, nous osons vous le dire,
ce seroit au contraire *enchaîner la liberté des
citoyens catholiques*, que d'interdire aux ministres
de leur culte la faculté de constater les époques
*de leur baptême, de leur bénédiction nuptiale ou
de leur sépulture*. Eh ! dans quel gouvernement
a-t-on jamais interdit aux académies, aux sociétés
quelconques une fois reçues dans son sein, d'ins-
crire sur des regiftres, les noms, âge, qualité &
demeures, les différens grades ou fonctions des
membres qui les composent, de leur en délivrer,
pour leur befoin ou leur satisfaction, des certificats
authentiques? Les sociétés populaires qui exiftent
actuellement en France, ne dreffent-elles pas des
procès-verbaux de leurs féances ? N'y confignent-
elles pas les événemens heureux ou malheureux
qui les intéreffent, les difcours ou les actions, la
cenfure ou l'éloge de leurs fociétaires? Comment
fans cela connoître leurs membres, les convoquer,
les raffembler, les affujettir à des réglemens néceffaires à leur maintien, & atteindre enfin le
but de leur établiffement? comment fans cela
pourroient-elles exifter ?

Or ce que nous venons de dire des fociétés

littéraires ou politiques , n'eſt - il donc pas appli-
cable aux aſſociations religieuſes ? Avant que la
liberté des cultes fut décrétée, les différentes ſectes
que toléroit en France , au moins d'une maniere
tacite, le gouvernement , ne tenoient-elles pas
note de ceux qui s'aggrégeoient à leur commu-
nion ? Ne leur délivroient-elles pas des atteſtations
propres à les faire reconnoître de leurs freres ?
N'exerçoient-elles pas librement la police inté-
rieure dans leurs aſſemblées ? Ces différentes ſectes
ne jouiſſent-elles pas encore actuellement des mêmes avantages ? Eh quoi ! quand la liberté des cultes eſt établie , qu'elle doit être égale pour tous ,
ſera-t-il dit qu'il n'y aura que le ſeul culte catholique qui en ſoit privé ? Veut-on donc toujours
fournir aux ennemis de la révolution , le prétexte
de dire qu'on veut , par tous les moyens poſſibles ,
même les plus injuſtes & les plus contraires à
l'eſprit même de la révolution , l'anéantiſſement
total du culte catholique ? ...

Citoyens miniſtres, nous croyons vous avoir
ſuffiſamment démontré que notre délibération
n'eſt , dans aucun de ſes points , en oppoſition réelle
avec la loi , & ne peut avoir aucun inconvénient,
tandis que la proclamation, par un abus ſingulier
des termes , défend ce que la loi ne défend pas ,

ce qu'elle ne pourroit même défendre sans violer les premiers principes de la liberté des cultes & de la liberté individuelle , & sans entraîner dans des inconvéniens graves & des suites fâcheuses.

· Si nous nous sommes trompés , éclairez-nous. Nous nous en rapportons à la sagesse de vos lumieres , & avec d'autant plus de confiance, que nous n'avons sûrement point à craindre de votre part, dans un pareil examen , ces préventions si naturelles à ceux dont l'orgueil les engage toujours à mettre leurs opinions particulieres à la place des principes ; qui rangeant indistinctement dans la classe des préjugés, toutes les opinions religieuses , deviennent intolérans par systême, même en prêchant la liberté ; qui , enfin , se livrent souvent à un fanatisme philosophique, non moins funeste peut-être que le fanatisme religieux.

Dans cette intime persuasion , si, par respect pour le conseil exécutif provisoire , nous continuons à suspendre, pour la paroisse Notre-Dame, l'inscription des actes religieux, nous ne croyons pas devoir retirer, aux termes de la proclamation , ou révoquer notre délibération avant que le conseil exécutif provisoire n'ait prononcé sur la justice de nos réclamations. C'est cette décision que nous le sollicitons en ce moment avec instance de nous accorder le plus promptement possible , pour re-

médier aux inconvéniens qui résultent nécessaire-
ment de la non-inscription des actes religieux, &
faire cesser à cet égard les plaintes des catholiques.

Le citoyen GOBEL, *Evêque Métropolitainde Paris.*

Le citoyen GENAIS, *Vicaire Métropolitain & Secrétaire du Conseil.*

---

*EXTRAIT des Regiſtres des Délibérations du
Conſeil Epiſcopal & Métropolitain de Paris,
du 31 Décembre 1792, l'An premier de la
République.*

CONSIDÉRANT que le premier Janvier 1793,
eſt l'époque fixée pour l'exécution de la loi du 20
ſeptembre dernier, concernant un nouveau mode
de conſtater civilement les naiſſances, mariages
& décès; que ſi cette loi, parfaitement conforme
aux principes de la liberté des cultes, principes
qui ſont de l'eſſence de tout état libre, enleve aux
miniſtres du culte catholique, des fonctions civiles dont le beſoin des circonſtances les avoit
inveſtis juſqu'à ce jour, elle ne prétend point cependant apporter aucun changement, ni *rien
innover* (1) dans tout ce qui eſt eſſentiel au culte

---

(1) Loi du 20 ſeptembre.

catholique ; & qu'en derniere analyse, elle ne rend que plus respectable le sacerdoce, en le rappellant à ses fonctions primitives.

Considérant qu'en attendant l'instruction détaillée que pourra donner sur cet objet, à son retour, le citoyen évêque de Paris, chargé dans ce moment-ci, par le gouvernement, d'une mission importante, &, d'après les questions journellement proposées au conseil par une foule d'ecclésiastiques, sur les divers changemens que doit nécessiter dans l'église catholique, pour les baptêmes, mariages & sépultures, la nouvelle loi, sur-tout dans le premier moment de son exécution, il paroît instant d'indiquer aux citoyens curés & desservans de Paris & des environs, les mesures, *au moins provisoires*, que doivent également dicter en de pareilles circonstances, à des ministres du culte catholique, qui n'ont jamais oublié qu'ils étoient citoyens, & l'obéissance qu'ils doivent aux loix de l'état, & l'attachement qu'ils ont voué à la religion.

Le Conseil épiscopal & métropolitain de Paris, après avoir mûrement discuté la matiere, est unanimement d'avis, 1°. qu'il est indispensable de tenir pour les baptêmes, mariages & sépultures, mais sur papier libre, des especes de diptyques où catalogues, tels qu'ils étoient en usage dans la primitive église ; que des copies de ces notes, également sur papier libre, & délivrées sans frais, pourroient être précieuses aux familles catholiques, utiles aux François du même culte, voyageant en pays étranger, & seroient nécessaires à ceux d'entre eux qui, soit en France, soit ailleurs, se présenteroit pour être admis aux ordres sacrés.

2°. Qu'il est convenable qu'il y ait dans les villes, même dans les campagnes, selon la population, trois catalogues ou journaux, l'un pour les baptêmes, l'autre pour les mariages, & le troisieme pour les sépultures ; qu'il est même à desirer, autant pour resserrer les liens qui doivent unir les pasteurs à leur chef, & les fideles aux pasteurs, que pour établir par-tout un mode constant & uniforme & en assurer les avantages à tous les intéressés, il y ait deux minutes de chacun de ces catalogues ; que tous les ans, dans le courant de Décembre, elles soient cotées & paraphées par l'évêque, & que de ces deux minutes l'une reste à la paroisse, tandis que l'autre sera déposée aux archives de l'évêché.

3°. Qu'obligés, autant comme citoyens que comme ecclésiastiques, d'observer & de faire observer, autant qu'il est en eux, les loix de la république, les pasteurs ne doivent se permettre de baptiser, ni de marier, ni d'enterrer, qu'ils ne

fe foient affurés auparavant que les formalités civiles prefcrites par la loi du 20 feptembre dernier, auront été ou feront remplies ; que c'eſt-là
la premiere queſtion qu'ils devront faire aux
fideles qui fe préfenteront à eux pour ces divers
objets, & qu'il eſt à propos que cette queſtion
foit inférée au plutôt parmi celles qui fe trouvent
à ces différens articles, dans nos rituels.

4°. Qu'en conféquence, le baptême ne foit
adminiſtré qu'après que l'une des perfonnes qui
accompagneront l'enfant, aura préfenté une
copie de la déclaration faite pardevant l'officier
civil, laquelle déclaration fera annexée au journal
des baptêmes, ou que le parrain & la marraine
auront atteſté que cette déclaration a été faite; ou
enfin, fi par diverfes circonſtances qui auroient
forcé de préfenter avant tout l'enfant à l'églife,
après que le miniſtre du facrement aura donné
aux affiftans l'avis formel de fe conformer à la
loi concernant la naiffance des enfans, lequel
avis fera relaté dans la minute du journal des
baptêmes, ainfi que la déclaration fi elle eſt pré-
fentée, ou l'atteſtation du parrain & la marraine
au défaut de la déclaration, & ladite minute fouf-
crite des parties préfentes & du miniſtre.

5°. Quant aux mariages, jufqu'à ce que les
évêques de la république françoife ayent pu fe
concerter pour établir les nouveaux réglemens

ecclésiastiques que nécessitent les nouvelles loix civiles, & sur-tout pour ne point s'exposer à faire aucun acte, ou superflu, ou contraire aux loix de l'état, sans s'écarter cependant de la discipline essentielle de l'église, le conseil est d'avis que, *provisoirement*,

Au lieu de la publication de trois bans usitée jusqu'à ce jour, il y ait, autant que faire se pourra, par respect pour les motifs qui ont fait établir cette publication, une seule annonce au prône de la bénédiction nuptiale que se proposent de recevoir tels & tels, en intéressant la piété des fideles au succès de leur union.

Que les empêchemens supprimés par la loi du 20 septembre dernier, étant de la compétence de l'autorité civile, les fideles ne soient plus tenus de recourir à l'évêque pour les dispenses de ces empêchemens; mais que si quelques personnes croient pour la tranquillité de leur conscience avoir encore besoin d'être dispensées de ces empêchemens, ces sortes de dispenses leur soient délivrées sans difficultés.

Que les fiançailles n'ayant jamais été regardées comme absolument nécessaires, & n'étant pas même en usage, de tems immémorial, dans plusieurs Diocèses, les pasteurs peuvent se dispenser de les célébrer; sur-tout après le contrat passé
pardevant

pardevant la municipalité, puisqu'alors ce seroit ou une répétition inutile, ou une contradiction avec la loi.

Qu'il est nécessaire de n'accorder la bénédiction nuptiale qu'à ceux qui justifieront de l'existence de ce contrat civil.

Qu'il faut exiger pour cette justification, ou que les parties contractantes présentent la copie conforme du contrat civil, pour être annexée à la minute du journal des mariages, ou qu'elles fassent, conjointement avec deux témoins, leur déclaration de vive voix & par écrit, qu'elles ont rempli les formalités civiles prescrites par la loi du 20 septembre dernier.

Que pour tout le reste on doit s'en tenir à ce qui est prescrit dans les rituels.

6°. Enfin le conseil pense que pour les sépultures, eu égard sur-tout à la loi des vingt-quatre heures, trop sage pour n'être pas maintenue, les ministres du culte catholique ne doivent faire aucune inhumation sans qu'il leur ait été présenté par un des parens, amis, ou voisins du défunt, le certificat du commissaire de police, ou l'extrait du regiftre de la municipalité; &, dans le cas où ce certificat ou extrait ne pourroit rester annexé à la minute du journal des sépultures, le vu de ce certificat ou extrait devra être attesté

dans la minute par deux témoins & le miniftre ;
car la préfentation de ce certificat ou extrait doit
être de rigueur, & la déclaration de plufieurs
témoins qu'il a été fatisfait à la loi, ne peut y
fuppléer.

Le confeil épifcopal & métropolitain de Paris
arrête que copie de la préfente délibération fera
envoyée à tous les citoyens curés & deffervans du
département de Paris, avec invitation de fe conformer *provifoirement* au mode qui y eft indiqué,
& au furplus de faire paffer le plutôt poffible au
confeil les obfervations qu'ils jugeront néceffaires,
fur-tout celles qui tendront à concilier encore
plus, s'il eft poffible, pour le plus grand bien
des fideles, les loix de la république chrétienne
avec celles de la république Françoife, qui, au
fond, ne peuvent jamais fe contredire, puifqu'elles repofent toutes fur les mêmes bafes :
Vérité & juftice , liberté, égalité, union & fra-
ternité.

Signé, DENOUX, premier vicaire métropolitain & préfident du confeil, en l'abfence du citoyen évêque.

GENAIS, vicaire métropolitain & fecré-
du confeil.

Collationné conforme à l'original , par nous

foussigné, le premier janvier 1793, & l'an deuxieme
de la république.

Genais, *vicaire métropolitain. & secrétaire du*
conseil épiscopal & métropolitain de Paris.

PROCLAMATION du Conseil exécutif provisoire,
(1) du 22 janvier 1793, l'an second de la
République.

Dans un gouvernement libre , les hommes
font égaux devant la loi , quelles que foient
leurs opinions religieufes , quel que foit leur
culte ; ainfi leur état civil doit être établi d'une
maniere uniforme. Sous le regne des abus , on
avoit laiffé paffer aux prêtres le droit de dreffer
les actes deftinés à conftater les naiffances , mariages & décès des catholiques. La loi du 20
septembre 1792 y a remédié. Elle a voulu que
ces actes, pour tous les citoyens indiftinctement ,
fuffent reçus & confervés par les municipalités ,
& que tous les regiftres dans lefquels ils avoient
été infcrits jufqu'à cette époque , fuffent transfé-
rés des églifes paroiffiales , presbyteres & autres

---

(1) Cette proclamation n'eft parvenue officiellement au
citoyen évêque , que dans le courant d'avril.

dépôts , dans la maifon commune de chaque municipalité. Elle a défendu expreffément à toute
perfonne de s'immifcer dorénavant dans la tenue
de ces regiftres. Elle a ordonné que le mariage
contracté entre deux perfonnes ne feroit précédé
que d'une feule publication. Cependant , au mé-
pris de cette loi , plufieurs évêques de la république , fous prétexte de conftater l'état religieux
des catholiques romains , ont enjoint aux curés
de leur jurifdiction de tenir un regiftre double ,
dans lequel ils infcriroient les baptêmes , les mariages & les fépultures des catholiques , l'un pour
refter toujours en leur pouvoir , l'autre pour être
dépofé dans le fecrétariat épifcopal. Ils ont de
plus défendu d'accorder la bénédiction nuptiale
à ceux qui refuferoient de fe faire proclamer
dans l'églife. Une telle détermination des évêques eft contraire à la loi , & cette violation ne
peut être tolérée.

C'eft pourquoi le confeil exécutif confidérant
que les fonctions des prêtres fe réduifent à l'exer-
cice du culte , & qu'ils ne peuvent , fous aucun
prétexte , s'immifcer dans les fonctions civiles ;
confidérant que les actes de naiffance , de mariage & de décès font des actes civils ; que les
prêtres n'ont pas plus le droit d'affujétir à la formule d'un procès - verbal les cérémonies de bap-

têne & de mariage , que ceux de la pénitence
& de tous les autres facremens ; que ce feroit
enchaîner la liberté des citoyens que de foumettre leurs actes religieux à cette formule ; que d'ailleurs la loi du 20 feptembre 1792 le défend en
termes exprès , puifqu'elle dit article VI , tit. V :
» Qu'auffi-tôt que les regiftres courans auront été
» clos , arrêtés & portés à la maifon commune,
» les municipalités recevront les actes de naiffance,
» mariage & décès , conferveront les regiftres , &
» qu'inhibitions foient faites à toutes perfonnes
» de s'immifcer dans la tenue de ces regiftres ;
» & dans la réception de ces actes » ; confidérant que l'Article III de la feconde Section du
Titre IV de la même Loi porte : » que le ma-
» riage ne fera précédé que d'une publication
» qui fera faite par l'Officier public. » Que
d'après cela toute infcription , toute publication ordonnées & faites par les évêques & les
curés font une infurrection contre la loi qu'ils
ont juré de défendre & de maintenir.

Au nom de la Nation , le confeil exécutif
provifoire fait défenfe à tous les évêques de la
république d'ordonner aux curés , vicaires & autres prêtres du culte catholique , & à ceux-ci de
dreffer , fous quelque prétexte que ce foit , des

actes de baptême & de sépulture, de publier aucun ban de mariage, d'entreprendre rien qui soit
contraire à la loi du 20 septembre, relative au
mode de constater l'état civil des citoyens; comme aussi d'exiger, avant de donner la bénédiction nuptiale, des conditions que cette loi ne
commande pas; leur enjoint de se borner dans
l'administration des sacremens de baptême & de
mariage, aux cérémonies purement religieuses.
Enjoint également à tous les évêques qui dans
leurs mandemens se sont écartés de ces principes,
de les retirer sur-le-champ, & défend à tous ecclésiastiques de les mettre à exécution, sous peine
d'être poursuivis comme réfractaires à la loi. Re-
commande aux corps administratifs de veiller à
l'exécution de la présente proclamation, & de
la notifier à l'évêque de leur ressort, de l'ins-
crire sur les registres de leurs délibérations, de
la faire imprimer & afficher, & de la trans-
mettre aux municipalités de leur arrondissement,
pour la notifier de même aux curés de leur commune, & la faire publier & afficher.

FAIT au conseil exécutif provisoire, à Paris le
vingt-deux janvier mil sept cent quatre-vingt-
treize, l'an second de la république. *Signé* GA-
RAT, CLAVIERE, LEBRUN, MONGE.

Pour expédition conforme à l'original.

Lue & consignée sur les registres du département, & copies collationnées envoyées à la municipalité de Paris & aux directoires des districts
de Saint - Denys & du Bourg de l'Égalité, pour
ladite proclamation, y être pareillement lue, consignée, publiée, affichée & envoyée aux municipalités de leur arrondissement.

Fait à Paris, en directoire, le 28 mars 1793,
l'an deuxieme de la république Françoise.

DUPIN, *Secrétaire par interim.*

De l'Imprim. de BELIN, rue S. Jacques, n°. 27. 1793.

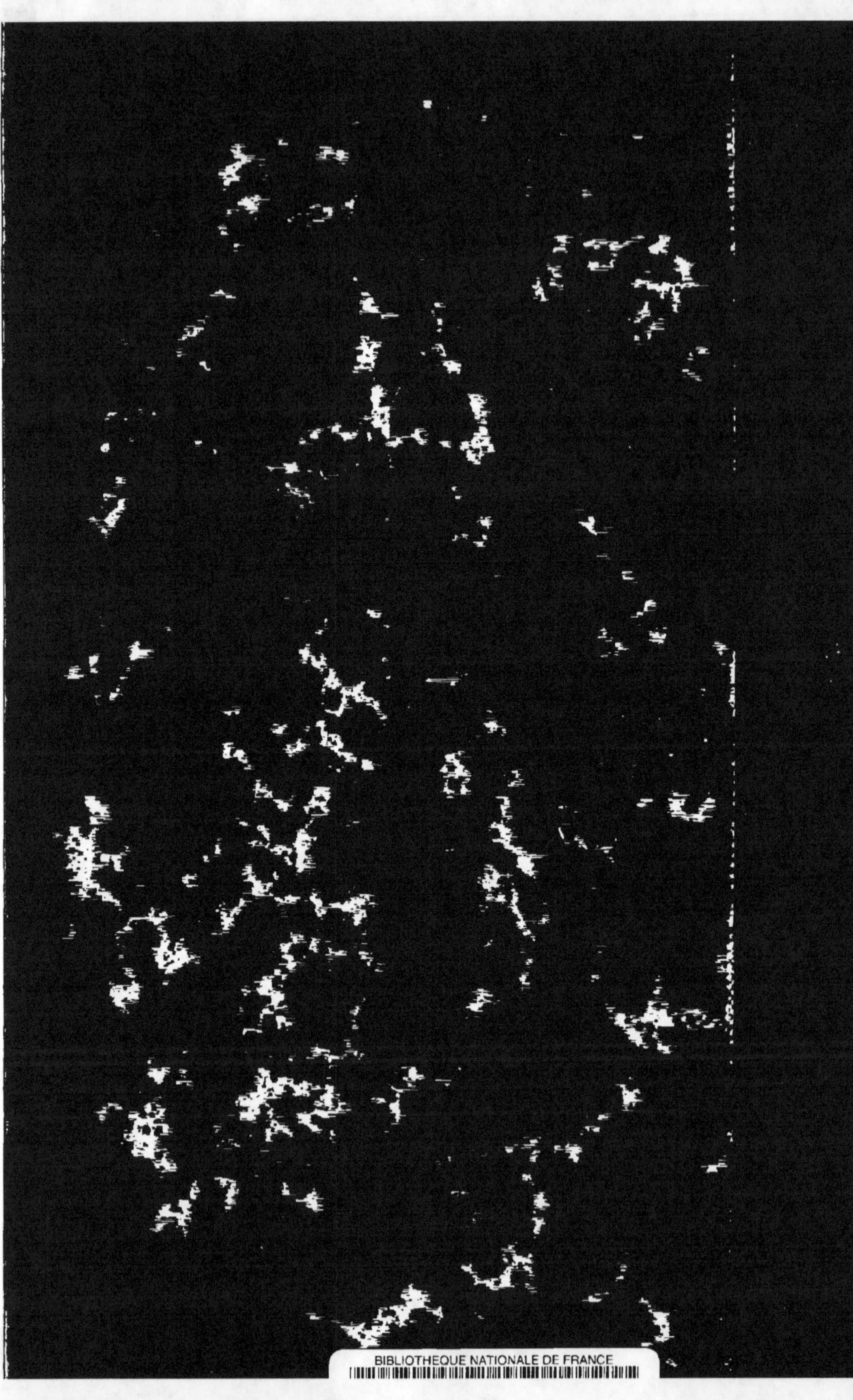

www.ingramcontent.com/pod-product-compliance
Lightning Source LLC
Chambersburg PA
CBHW061639060726
47597CB00005B/1964